JN424987

허공의 깊이

애지시선 045

허공의 깊이

2012년 11월 15일 초판 1쇄 발행

지은이 한양명
펴낸이 윤영진
편 집 함순례
디자인 함광일 이경훈
홍 보 한천규
펴낸곳 도서출판 애지
등 록 제 2005-5호
주 소 300 -170 대전광역시 동구 삼성동 125-2 4층
전 화 042 637 9942
팩 스 042 635 9941
전자우편 ejiweb@hanmail.net

ISBN 978-89-92219-40-2 03810

애지시선 045

허공의 깊이

한양명 시집

□ 시인의 말

여름 한철을 내설악에서 보냈다
저잣거리를 떠나서 산중에 드니
꽃이 꽃으로, 나무가 나무로 보였다
무엇보다 내가 나로 보였다
세상에 진 빚이 너무 많은,
그러나 갚을 길은 막막한 인간이
걸어온, 아니 걸어와야만 했던
끝 모를 착시의 잔도棧道가 보였다
… …
이젠 그 길에서 벗어나고 싶다

2012 가을
한양명

차례

제2부 개구리 성불하시다

제3부 개에 관한 명상

제4부 동백 지다

제1부

그냥 보고 싶다

토끼벼리길

겨우 토끼 한 마리 지날 정도의
좁디좁은 벼랑길
나이 스물, 아직 가진 게 없을 때
그때는 망설이지 않고
성큼성큼 걸어갔다

지금은 나이 쉰을 건듯 넘어
집이 있고 가족이 있고 직장도 있고
다시 토끼벼리길 지나려니 떨린다
꼭 가야하나 망설여진다
가진 게, 지킬 게 너무 많다

그냥 보고 싶다

꽃을 꽃으로만 보고 싶다
색깔이니 향기니 자태니
허튼 생각 않고
그냥 꽃으로만 보고 싶다

사람을 사람으로만 보고 싶다
성별이니 용모니 직업이니
분별하지 않고
그냥 사람으로만 보고 싶다

왜 나는 꽃을, 사람을
다른 무엇으로 보려 하는가
통째로 보지 않고
나눠 보려 하는가

그런 나의 게눈엔
꽃도 사람도 살지 않고

누군가 먹다 버린
게껍데기만 그득하다

쏘가리

길러지면서부터
쏘가리는 이미 쏘가리가 아니다
지느러미에 달린 침이 무뎌졌다
지킬 것이 없기 때문이다

늙은 주모는 자연산이라고
억지를 쓰지만 나는 안다
지켜야 할 것이 없어진 자의
공손하기만한 살점을
사랑을 버린 살들의 쓸쓸함과
남겨진 뼈들의 외로움을

접시에 누운 쏘가리
그 등뼈에 붙은 몇 점의 살들이
소주를 타고 헤엄쳐 온다
유영하는 자세가 부드럽다
마중 나간 내 혀도

부드럽게 움직이기는 마찬가지다

지금 이 시간
쏘가리의 살점을 씹으면서 나는 천천히
한 마리의 순한 짐승이 되어가고 있다
나 또한 누군가에게 양식당하고 있음을
한 점 또 한 점씩 음미하면서

산길

잔설 녹아드는 산길 간다
오라는 데 없고 갈 데 또한 없지만
그냥 간다, 강아지 한 마리 데리고

길섶 나무들, 아직 걸음을 익히지 못해
제 앞에 놓인 길 바라만 보고
저만치 노루 한 마리, 가던 길 돌아서 눈만 끔적인다

사는 게 남이 닦은 길 따라 걷는 것뿐인지라
이미 닳은 길에 친친 묶여 끌려만 가는데
강아지는 천방지축 날뛰며 제 길 만들어 간다

행여 놓칠세라 그 강아지 뒤를 쫓다가
길 아니면 가지 말라던 옛말 훌쩍 넘어
짐승이 만드는 길을 따라나선다

그러면서 생각느니 이것도 길이다
길짐승 들짐승이 다만 본능을 따라 새로 내는 길
누군가, 굳이 무슨 뜻을 새기고 강요하지 않는 길

북풍이 제법 불어 볼이 시리다
겨울 해는 짧아 주위 벌써 어둑하다
걸어온 길 가야했던 길, 흐릿해진다

역마살驛馬煞

평생을 역마처럼
떠돌아야 할 팔자라고 했다

늘 부초처럼 떠돌다 발길 머무르면
바람으로 요기하곤 이슬에 눕고 싶었다
어느 포구에선 돛배 타고 하류로 흘러
밤새 곡절 많은 주모의 하소연을 듣고 싶었다
흐르는 물, 떠도는 새, 구르는 돌만 봐도 가슴이 뛰었다
메밀꽃 필 무렵이면 봉평장에나 가서
흐드러진 달빛 아래 풋각시와 하룻밤 보내고
어느 날 왼손잡이 아들을 만나고도 싶었다

그렇게 한 세월을 보내려 했으나
지금은 세상이 가르친 대로 스스로를 가둔 채
꼼짝 않는 나무 또는 바위가 되어
메밀밭에 눕는 대신 메밀꽃을 보고 있다

작설차雀舌茶를 마시며

우전雨前을 마신다
곡우 무렵에 딴 새싹으로 만든 차
쌉싸래하면서도 단맛이 은은하다
이 맛을 내기까지 참새 혓바닥 어린잎들은
구증구포九蒸九曝, 아홉 번의 덖임과 말림을 견뎠다
연노랑의 이파리가 검붉어지는 걸 감당했다
그리고 오늘, 다관에 들어가 찻물의 세례를 받고
천천히 우려지면서 제 맛을 낸다, 그 사이
연노랑의 본디 색깔 돌아오고, 침묵하던
참새 혓바닥 다시 살아나 날름거린다

나 언제 구증구포의 수행을 감당한 적 있었던가
그리하여 은은한 감칠맛으로 그대 만나서
본디의 나로 돌아온 적 있었던가, 잠시
부질없는 생각에 차 맛만 떫어졌다

산정무한山情無恨

천둥이 친다 긴 장마에 지친 탓인지 쿨룩쿨룩 해소 증세가 보인다 비는 아직 출타 중이다 오전 아홉시쯤 산을 나서면서 잠깐 바람이나 쐬고 오겠다더니 어느 선술집 마루에라도 퍼질러 앉아 낮술께나 들이켜고 있나보다 기실 비는 천둥의 둘째 마누라이고 술만 마시면 아무데서나 엉덩이를 까고 오줌을 누는 버릇이 있다 그러고 보니 천둥은 집 나간 마누라를 호출하는 모양이다

하늘이 점점 어둑해진다 한 사십여 년 전쯤 외할머니 소개로 시장통 다리께서 사귀어 뒀던 까마귀들이 모처럼 날아든다 반가운 마음에 일어서려니 암자 앞 금강송이 나보다 먼저 묵객 맞아 합장하고 어느새 소슬한 바람은 염불을 시작한다 나무아미타불 나무아미타불 전생이 동자승이었던 솔방울들이 제법 익숙한 모습으로 염불을 따라한다 다음 생에도 제발 사람으로만 태어나지 말길 빌고 또 비는 게다

발효차를 마시면서 나도 서서히 썩어가는 중이지만 시정의 잡배로 살아온 터라 인연의 사슬에 치여 발효 속도가 느리기만 하다 고개를 드니 저만치 개울머리 왜가리 날갯짓에 수삼의 버들치들이 자진해서 뛰어올라 이승을 건너고 있다 좋은 일이다 오늘 저 버들치들은 갑갑했던 육신을 벗고 입적하는 중이다 또 하루가 간다 살아 있는 모든 것들에게 폐만 끼친 인간이 그 신세를 갚기엔 산중의 하루가 너무 짧다

나는 살아 있다

과음을 할 때 또는
내가 나란 걸 잊을 때
나는 살아 있다

길을 걸을 때 또는
내가 나를 두고 떠날 때
나는 살아 있다

그대가 울음을 터뜨릴 때 또는
내가 그대이고 싶을 때
나는 살아 있다

비가 내릴 때 또는
내가 물이 되어 흘러가버릴 때
나는 살아 있다

나는
내가 아닐 때에야 비로소
살아 있다

생몰生沒

언제부터였던가
태어남과 죽음에 관해
이승에 남아 있던 동안 달았던 이름과
그 이름으로 살았던 생의 족적에 관해
눈길을 보내기 시작한 것은

선비 정약용, 1762년에 태어나 1836년에 죽다
농민군 전봉준, 1845년에 태어나 1895년에 죽다
시인 백석, 1912년에 태어나 1995년에 죽다
재단사 전태일, 1948년에 태어나 1970년에 죽다
나 1960년에 태어나 이 꼴로 살다가
언제 저들처럼 생의 마침표를 찍을 것인가
누가 내 생몰을 기억할 것인가

망자의 이름으로 후손의 이름으로
일간신문 부고란이 오늘도 좁다

숙취의 아침

지난밤을 적신 알코올들이
위장에서 간에서 두개골에서
숙성의 정점을 기다리며
마지막 발효로 들끓는 시간
밤새 연기한 장면을 담은 필름이
흐릿해지거나 일부 또는
조금 더 많이 끊어져 버려
복구를 위해 기억을 재생하는 시간
가슴속에 담아둔 말을 해버린 듯한
하지 말아야 할 짓을 저지른 듯한
그리하여 몰래 유곽을 빠져나오던 신새벽의
불안했던 뒤통수처럼 부끄러운 시간
공들여 탑을 쌓고 다시 무너뜨려온
지난 삶과도 같은 그런 시간

물회

— 속초 송도횟집에서

참가자미 물회를 먹는다
여름 성수기라 손님들이 빼곡하다
많이 먹히는 만큼 가자미는 싱싱하다
수족관의 가자미는 빠진 만큼 채워진다
초장을 넣어 가자미 살점과 야채를 섞는다
물을 붓는다, 양념된 가자미 살들이
그릇 바닥으로 가라앉는다
원래 참가자미는 해저에 사는 걸 좋아하고
가자미의 세포들은 이 순간에도 그걸 기억한다
그러나 그들이 마지막으로 가라앉을 곳은
바다 밑이 아니라 내 뱃속이다, 물회 맛이
시원하거나 얼얼하다, 뱃속의
가자미도 이 맛을 알까, 또는
누군가 나를 익숙하게 씹어 삼킬 때
나는 얼마나 내 맛을 알까

TV

습관처럼 리모컨을 찾아 TV를 켠다
사람이 사건이 동물이 식물이 정치가 경제가
지나간다, 누구도 무엇도 머무르지 않고
단지 지나가는 것들뿐이다
그 대열의 맨 끝에 리모컨을 따라 움직이는
내가 따라간다, 내가 나를 지나간다
TV를 끈다, 나는 없고
당연하다는 듯 리모컨이 대신 잠자리에 든다

투우鬪牛, 말라카(Malacca)에서

지난여름
피카소의 고향 말라카는
여전히 지중해 연안을 떠나지 않았다
아마도 북극의 빙산이 다 녹아
구대륙舊大陸이 잠길 때까지
말라카는 피카소를 기억할 것이다

이 여름 나는
지난날 나를 녹여왔던 사랑을 떠올리면서
점점 사라져가던 나
죽어가던 투우를 추억하고 있다

그날 말라카의 투우장에 모인 생명 가운데
생生의 끝을 아는 건 투우뿐이었다
죽임에 길들여진 투우사도
피 맛에 겨워하던 관중들도
앞날을 모르기는 마찬가지였다

그러나 투우는 그렇지 않았다
투우장에 들어서면서부터
자신의 죽음을 알고 있었고
앞날을 아는 자의 태연함으로
죽음의 칼끝에 정수리를 맡겼다

분명 종말의 시간을 알고 스스로 녹아
기억의 역사를 거부한 건 투우뿐이었다

그날 투우가 쓰러지고
그의 한 세상이 끝나던 장면을
사랑이 다 녹아버린 이 여름
홀로 추억하고 있다

고리버들

휘기 위해
휘어져 엮이기 위해
고리고리 엮여져 그대가 쓰는
바구니며 소쿠리가 되기 위해 살아간다
오줌싸개 아이의 수줍은 동무
소금을 담는 키가 되기 위해 살아간다
그러므로 나는 나를 위해서가 아니라
그대에게 필요한 무엇이 되기 위해 살아간다

나를 위해 산 게 언제인지 모르겠다
고리버들을 닮은 나

제2부

개구리 성불하시다

봄

문득 동풍이 불자
산이 가랑이를 벌렸다

지나가던 노루가 슬며시
오줌 몇 방울 보시하시니
노란 산수유꽃 금세 벙글었다

천상 오줌색이다

개구리, 성불成佛하시다

이럴 줄 알았다
비 오는 날이면 어김없이
이 길 저 길 무시로 임하시어,
차바퀴건 발바닥이건 가리지 않고
기꺼이 로드킬의 제물이 되심에
언젠가는 성불하실 줄 일찍이 알았다
뼈와 살 체액까지 남김없이 베푸시고
온전히 내준 자의 납작한 모습으로
가부좌를 튼 채 말라붙은 전신,
누가 봐도 와불臥佛인 걸 알아채겠다
부럽다, 어떡하면 남을 밟고
제 뱃속 채울지만 배워온 탓에
밟히는 게 죽기보다 싫은, 그러므로
성불은 꿈도 못 꿀 나는

콩순을 치며

이맘 때, 칠월하고도 초순께면
웃자란 콩순을 쳐줘야 한다
아끼지 말고 시원스레 잘라줘야 한다
그래야만 콩깍지에 콩이 제대로 박히고
콩대도 튼실해져 넘어지지 않는다
그런데 그대와 나는 어떠한가
웃자라 겉보기는 멀쩡하지만
소갈머리는 텅 빈 것 아닌가, 자칫
놀러 나온 바람에도 휘청대는 건 아닌가
아뿔싸, 머리칼이 너무 자랐다
우선은 이발이라도 해둬야겠다

애기똥풀꽃

약간의 오해가 있다
봄이라면 으레 진달래나 철쭉
또는 벚꽃을 떠올리지만
들이며 산에 지천으로 피어
내내 이 봄을 지키는 건
애기똥풀 노오란 저 꽃이다

열세 살 누이가 식모살이 가고
열다섯 살 형이 미싱 시다로 떠난 봄
울며 기다리다 목이 길어진 아이와
함께 놀아주려 피어난 것도
기다리면 돌아온다 달래준 것도
애기똥풀 노오란 저 꽃이다

세상에 나오면서 버려진 탓에
겨우 무릎 아래서 멈춰버린 몸
쉬 그대 눈에 띄지는 않지만

부인해선 안 될 이 봄의 꽃은
살짝만 건드려도 애처로이 꺾이는
애기똥풀 노오란 저 앳된 꽃이다

비박(biwak)

별은 총총하고 나무들 두런댄다
어디선가 가끔 승냥인지 고라닌지
울음소리 들려오고 뜻밖에 편안하다

한참을 어둠에 깃들어 숲 냄새를 맡고
부드럽고 촉촉한 바람 만지작거리니
나도 한 마리 들짐승 또는 그들의 동무
풀이나 바위였으면 좋을 듯하다

몸속의 야성이 불현듯 살아나
갓 사냥한 짐승을 날것으로 베어 먹곤
그 자리에 편안히 뿌리를 내려
잠시 나무처럼 잠들어도 좋을 듯하다

그리하여 새벽이슬 담뿍 머금고
숲 속을 거닐며 반나절쯤 보내다가
아직 채 여물지 않아 덜 파란 하늘 보며

어린 햇살에 뒹굴어도 좋을 듯하다

멀고 먼 조상, 겨우 서서 걸음을 떼던
그때 그 정도에서 진화를 멈추고
뭇짐승보다 아주 조금쯤만 더 깨인 상태로
숲과 더불어 살았어도 좋을 듯하다

어린 것들이란

여기는 내설악의 만해마을
어린 것들은 철딱서니가 없다
시랍시고 끼적거릴라 치면
체험학습 나온 어린 것들이
하도 소란을 떨어 혼쭐이 묘연하다
점잖은 인솔 교사가
위대한 만해선생을 들먹이며
제발 조용히 하라고 타일러도
두 눈 부라리며 윽박질러도
잠시 멈칫하다간 방긋 웃고는
다시 난장판으로 뛰어든다

교사의 권위도 대시인의 업적도
도대체 통하지 않는 것들
저 길들여지지 않은 날것들
그 자체로 시인 것들

노송老松의 말씀

— 묵객墨客에게

나는 멈춘 듯하지만
정해진 대로 늙어가고 있다
세월을 따라 움직이고 있다
내 앞의 그대 나를 그리지만
사실은 스스로의 영정을 그리고 있다
머잖은 날, 그대 몸은 내 껍질처럼 주름질 것이고
마음은 솔잎처럼 말라 떨어질 것이다, 그렇기에
바람은 멈추지 않고 새는 뒤돌아보지 않는 것이다
그대, 붓질 멈추고 잠시 자신을 돌아보라
가을을 지나온 바람이 머리를 스치며
희끗희끗 찬 서리를 내리고 있으니

도리깨질 끝나면 점심은 없다

보릿고개를 넘어야
간신히 연명하던 시절,
고갤 숙이면 산이 이마에 받히는
심심두메의 산골, 한절골에선
가을을 걷고 도리깨질 멈추면
해가 짧다는 걸 핑계 삼아
점심을 건너뛰고 해 지길 기다렸다
사실은 조반석죽朝飯夕粥만 하더라도
겨울 너머 봄까지 견딜
양식은 부족하고 식구는 많았다
그래서 불문율이 된
"도리깨질 끝나면 점심은 없다"
한 해 농사를 마감하는 도리깨질이
배고픈 삼동三冬을 여는 신호였던 시절,
한 입을 덜기 위해 갓난쟁이를
엎어 뉘어 숨을 끊고 울음을 삼키던
그런 시절이 있었다

소년들 보면

어쩌다 활짝 핀 소년들 보면
부러울 때가 있다
내가 다시 저 나이라면
이렇게 살아오진 않았을 텐데
생각만 해도 가슴이 뻐근한
그런 때가 있다

또 어쩌다 그늘진 소년들 보면
참 안쓰러운 때가 있다
나는 이만큼이라도 견디며 살아왔지만
저 꽃 같은 것들은 어찌
어두운 세상의 한 철을 버텨낼까
짠해지는 때가 있다

연대連帶

울진군 북면 대수리
외딴 삼칸 오막살이에
일흔 둘의 옥이 할매
예순 여덟의 분이 할매 살았다
옥이 할매 본처이고 분이 할매 첩이었지만
둘은 속 좁은 돌부처처럼
서로를 외면하지 않았다
영감은 일찍 죽고, 자식 없는
분이 할매 당뇨로 시름시름 앓자
자식 덕에 호강하던 옥이 할매,
분이 할매 병 수발하러 찾아들었다
꼭 사이좋은 자매 같았다
입 짧은 분이 할매 밥이라도 남길라치면
옥이 할매, 그래 일찍 죽거라
퉁을 주고 눈을 흘겼지만
달빛이 대추나무에 걸려
가지가 휘영청 늘어지는 밤이면,

죽은 영감 욕이며 모질었던 시엄씨 흉을
실컷 하고서는 서로 마주보며
갓 시집온 새댁들처럼 깔깔 웃었다
그 소리에 잘 익은 대추 몇 알
툭툭 떨어지던 그런 날이 지나고
분이 할매 먼저 눈을 감았다
옥이 할매 친언니처럼 서럽게 울었다
그런 인연이 또 있을까 싶은
오래된 여인들의 질긴 연대였다

미분양

기르던 개가 새끼를 낳았다
도합 아홉 마리, 암수가 비슷하다
아직 새끼들이 눈도 뜨지 못할 때부터 아내는
개가 천륜도 인륜도 모르기 때문에
모자와 남매를 함께 키우는 게 아니라며
이놈들의 분양을 걱정했다
순종도 아니고 잡종인데
애완용도 아니고 마당개인데
거저 줘도 키우겠다는 사람이 있을지,
한때 미분양 아파트를 샀다 큰 낭패를 본
아내는 못내 노심초사했다
나는 걱정마라며 분양을 자신했지만
사정은 뜻대로 돌아가지 않았다
아파트에 살아서, 애가 아토피가 있어서
개밥 줄 사람이 없어서, 지인들은
다양한 핑계를 대며 입양을 사양했으나
잡종에다 마당개라서 싫은 속내가 보였다

초유의 백퍼센트 미분양 사태,
어미 개는 책임지지 못할 새끼를 낳고
주인은 도대체 분양할 능력이 없는
웃지 못할 상황에서 나는 미안하다
개 한 마리 키울 여유가 없는
개 밥 한 그릇 챙겨줄 시간이 없는,
순종의 애완견만 대접을 받는
그리하여 잡종 강아지들은 갈 곳이 없는,
이 기막힌 세상을 만드는 데 일조한 자로서
개들에게 참 미안하다

나방

나비는 낮에 날고 나방은 밤에 난다
나비는 햇빛을 보고 나방은 불빛을 본다
나비는 제 등 쪽 하늘 향해 날개를 접고
나방은 제 배 쪽 땅을 향해 날개를 접는다
나비도 나방도 가루가 있지만, 나비는
인간을 피해 다녀 나방의 가루만 떨어진다

나방은 나비와 같은 계통이다
그러나 나비는 인간을 외면한 탓에 사랑받고
나방은 인간을 가까이한 탓에 죽임을 당한다
예수처럼 체 게바라처럼

옹기

청자도 백자도 아닌
흔해빠진 옹기라서 살아남았다
상전처럼 고이 모시지 않고
아무렇게나 다루어서 살아남았다
도공의 혼이 담긴 예술이 아니라
옹기장이의 밥줄이라서 살아남았다

그래, 역사란 이런 것이다
옹기처럼 깨지고 또 깨지더라도
살아남아야만 이기는 것이다

인간이란 게 부담스러울 때가 있다

갓난아이를 가슴에 묻은 어미가
곡기를 끊고 세상을 버리려 한다
인간이다

숨을 할딱이던 새끼가
힘겹게 물었던 젖꼭지에서 툭 떨어지자
그때까지 먹이를 외면하던 어미개가
태연히 돌아서 제 밥그릇을 챙긴다
짐승이다

인간과 짐승의 차이
생명과 죽음을 대하는 태도의 차이
왜 살아남은 자의 연명은
죽은 자에 대한 예의로부터 자유롭지 못한가

인간과 짐승 사이의 어디쯤에서는 더러
인간이란 게 부담스러울 때가 있다

어린 금강송

계곡 위 암벽 끝에 뿌릴 내리고
위태로이 매달린 어린 금강송
태생이 곁눈질을 몰라 오로지
곧게 하늘로만 뻗어 동안거冬安居
용맹정진의 자세를 취하고 있다

명리학命理學을 공부한 후배는
우리 딸아이가 바위에도 뿌리를 내리는
소나무 같은 사주四柱를 타고났다고 했다
과연 딸아이는 척박한 부모의 터전에서도
무던하게 자라 제 몫의 인생을 살고 있다

딸아이를 닮은, 그래서 남다른
저 소나무의 사주는 어떠할까
이 겨울의 세찬 풍설을 견딜 수 있을까
소나무의 사주가, 팔자가
사뭇 궁금해지지는 산중의 저녁이다

타이타닉 포장마차

대학가 한 귀퉁이 언덕 아래 소형 배 한 척이 정박했다 타이타닉호, 승무원은 단 둘, 왼 다리가 불편한 늙은 남자 잭 그 남자의 아내인 늙은 여자 로즈, 로즈는 주머니 가벼운 대학생들이 먹을 싸구려 안주를 만들고 잭은 절뚝이며 느릿느릿 서빙을 한다

알다시피 오래전에 그들이 운명처럼 만나 금단의 사랑을 시작했던 그 배는 대서양을 횡단하다 빙산과 충돌해 난파했고, 화가가 꿈이었던 떠돌이 잭이 바란 대로 열일곱 살 귀공녀 로즈는 구사일생의 호루라기를 불었다, 먼저 구명된 로즈, 영화와 달리 헌신적인 노력으로 잭을 구했지만 그는 얼어붙은 한쪽 다리를 온전히 쓸 수 없었다, 불구의 잭 부유한 약혼자 헉슬리를 버린 로즈, 그들은 사랑을 구속했던 대양의 심장 블루다이아몬드 목걸이를 팔아 작은 배 한 척을 구했다

그로부터 세월의 숱한 빙산을 아슬아슬하게 피해 봉제 공장 시다며 파출부에 찬모, 선반공이며 택시기사에 하역장 잡부까지 인생의 고단한 항구를 들락거리다, 한 세기의 항해 끝에 낯선 내륙 대학촌 후미진 땅을 빌려 닻을 내렸다, 흔들거리는 딥블루 플라스틱 테이블과 의자 몇 개에 구이용 연탄 화덕, 좁은 조리대가 전부인 타이타닉 포장마차, 잭은 그래도 삶은 아름다운 거라며 로즈를 위로하고 로즈는 절뚝이는 잭의 다리를 안타까이 쳐다본다, 난파를 알면서도 침대에 나란히 누워 죽음을 맞이한 그 노부부의 눈빛처럼 그들의 사랑은 식을 줄 모르고 아직 연탄불처럼 뜨겁기만 하다

여기는 일곱 평짜리 타이타닉호, 아직도 위험한 사랑을 지키기 위해 서로의 하루를 저어줘야만 하는, 늙은 생의 순항선 갑판 위이다

아내는 시인이다

농사짓는 일을
시적詩的 대상으로 보기 일쑤인
삼류시인 지아비를 믿을 수 없어
과수원집 넷째 따님, 아내는 홀로
늦봄을 뒤적이고 또 뒤적이며
두 마지기 반, 작지 않은 산밭에
고추며 참깨, 콩팥을 심는다
세사에 지쳤다는 핑계로 모른 척하다가
슬며시 밭둑으로 나가 앉아
담배 한 개비 꼬나물고 쳐다보는데
놀라워라, 어린 모종들 꿈틀거려 시어詩語가 되고
서로가 서로의 어깨를 겯어
이랑마다 고랑마다 문장이 되고,
어느덧 한 뙈기 빈 밭 위에서
근본 다른 종자들이 한데 어울려
한 편의 서정시를 완성해 간다
말 그대로 땅 위에 뿌리를 내린 시

밥이 되고 찬이 되어 생명으로 남을 시
부끄러워라, 책상머리에 앉아 쥐어짜낸 시
황사보다 퍼석퍼석한 나의 마른 시
그래 아내여, 그대야말로 제대로 된
땅의 시인이다

제3부

개에 관한 명상

반신욕

늦은 밤에 귀가해
섭씨 삼십구 도의 온수를 욕조에 채우고
명치 아래까지 이십 분 동안 몸을 담근다
땀이 송골송골 이마에 맺히고
가슴팍에도 등줄기에도 흘러내린다
생계형 몸짓과 격식과 예의가 빠져나간다
고개 조아린 하루가 빠져나간다
목이 마르다, 잠이 온다
자비로운 밤이 일박을 허락한다, 불손하게도
애국가가 흐르는 티브이를 끈다
별 다를 게 없을 또 하루를 기다리며
잠을 청한다, 시간이 많지 않다

황태

아주 오래전에 동해를 떠난 뒤
더 이상은 떠돌 곳이 없어
베링해 어귀에서 명태로 잡혔다
어부들은 익숙하게 그물을 걷어
무심한 손길로 나를 얼렸고, 절명으로
단순해진 나는 기꺼이 동결되었다
동결의 항해, 북태평양의 저기압은
내 고향 동해, 거진항 앞바다까지 따라와
궂은비를 뿌렸다, 하선下船
나를 마중한 덕주는 할복割腹의 예를 갖춘 뒤
흡족한 표정으로 진부령을 넘었고
섣달이 오길 기다렸다가
내설악의 덕장에 나를 널었다
바람과 눈과 햇빛이 교대근무를 하면서
냉동과 해동이 반복되는 동안 내 살들은
서로 부딪히면 종소리가 나도록 익어갔다
그리하여 봄이 오고 더는 노래질 수 없을 때

인부들은 가차 없는 방망이질로 나를 때린 뒤
살들이 풀어져 단단함을 포기하자
뼈를 적출하고 머리와 꼬리를 잘랐다
삼동三冬을 나고서야 황태가 된 나는
방방곡곡으로 팔려나가
구이가 되고 탕이 되고 찜이 되고
갈가리 찢어진 황태채 무침이 되어
오늘 잘 차린 밥상 위에서, 여전히
살아 있는 그대의 식욕을 돋우고 있다

화두

— 담배를 피며

열일곱에 처음 사귄 그녀는
쉰둘이 되도록 나를 버리지 않았다

한때는 그녀를 두어 해 정도 버렸지만
다시 호명했을 때 그녀는 불과
서너 번의 입맞춤 끝에 옛날의 향기로 돌아왔다

그 뒤로도 가끔 그녀를 버리려 마음먹고
실제로 하루나 이틀쯤 버리기도 하지만
곧장 후회하고 더욱 열렬히 사랑한다

그녀의 가냘픈 육신을 깊이 빨아들여
헛헛한 폐부의 뒤란, 돌담을 따라
늘 처음처럼 그늘의 순례를 시작한다

요즘 나는 그녀를 화두처럼 품고 산다
시시각각 자신을 태워 사랑을 구하고도

배반을 숙명으로 아는 순애殉愛의 화두

이 뭐꼬?

미시령 옛길

새 길과 옛길이 있다
먹고 살만하고 배운 것들은 대체로
새 길보다 옛길을 택한다
구절양장, 멀미가 나는데도 굳이
이 길이 낭만적이고 서정적이라며
훤하게 뚫린 새 길은 제쳐두고
닳아버린 길을 택한다
그러나 길은 또한 산은
오래된 주막처럼 권태롭다
한여름 오후 세 시 반의 옛길,
비와 안개는 작심한 듯
풍경의 창문을 닫고 블라인드를 내린다
캄캄한 앞길, 아슬한 절경은 보이지 않고
낭만과는, 서정과는 거리가 멀었던
각자의 지난 삶들만 오롯이
등잔의 발밑처럼 어두워지고 있다

컴퓨터

어떤 여성시인은
컴퓨터와 사랑하고 싶다고 했다
그녀는 단지 욕망했을 뿐이지만
나는 하루도 거르지 않고
컴퓨터와 육체적 사랑을 나누고 있다
그렇게 해서 태어난 것들을
입양기관에 팔고, 그 대가를 받아
산 입에서 거미줄을 걷어내고 있다, 따라서
컴퓨터는 나와 사실혼 관계에 있고
법적인 마누라보다 훨씬 많은 시간을 함께 하기에
컴퓨터를 마누라 중의 마누라라고 해도
결코 틀린 말이 아니다, 확언하건대
나는 컴퓨터와 깊은 사랑을 나누고 있다

풍치風齒

바람니 몇 개로도 생이 흔들린다
한 보름쯤을 부대끼며 잠을 설치노라니
회한뿐인 지난날들, 욱신대는
어금니의 뿌리 쪽을 툭툭 건드리며
시린 반성을 촉구하고 있다
뒤돌아보지 말고 앞도 보지 말고
다만 바로 앞에 놓인 하루나
속속들이 깨끗하게 닦아내라고
그러고는 경건히 또 하루를 기다리라고

실향

지금은 쓰지 않는 나의 원적은
평안남도 양덕군 대륜면 구룡리 202번지
여든 하나 된 아버지의 태가 묻힌 곳
아버진 1948년, 얼떨결에 친구들과 월남했다가
다시는 고향에 가지 못했고, 이제 그 고향은
에미나이 같은 관서지방 사투리나
평양냉면을 좋아하는 식성으로 남아 있다
또한 고향보다 저승이 가까운 아버지의 노안
저녁이면 북녘하늘을 물끄러미 바라다보는
그 아슴한 시선의 그림자 속에
회귀성 어류의 화석처럼 잠겨 있다

낙동다방洛東茶房

배달 간 레지는 삼 년째 돌아오지 않고, 한여름 오후 두 시의 괘종시계는 나른하다, 1947년부터 자리를 지켜온 산수화병풍 속, 따분하게 늙어가던 산과 강들이 서툰 붓질을 빠져나와 낡은 소파 사이를 기웃거리고 있다, 건조한 어항에선 비늘이 얼마 남지 않은 금붕어들이 구석진 자리, 주름진 남녀의 심상치 않은 밀담이 만들어낸 저기압의 흐름을 힐끗거리고 있다 사팔뜨기의 응시, 한때의 열정 위태로운 사랑이 꺼졌기에 입구의 소화기는 편히 누워 낮잠을 자고 있다, 입술만 붉은 중년의 마담도 졸고 테이블 위에 놓인 볼살 처진 핸드백에선 분첩과 립스틱, 구겨진 버지니아 담뱃갑 처녀적의 꿈들이 흘러나오고 있다, 식어버린 커피향은 습기와 함께 지층 아래로 가라앉고 퀴퀴한 럭키금성 24인치 브라운관에선 최백호의 '낭만에 대하여' 가 잡음처럼 천정의 쥐 오줌처럼 번지고 있다 재방송, 첫사랑 그 소녀는 어디에서 나처럼 늙어갈까, 돌이킬 수 없는 시간들이 천천히 오래된 액자 속을 유령처럼 배회하고 있다

막국수를 먹으며

— 인제 전씨네 막국수 집에서

처음 먹어보는 메밀 백 퍼센트의 막국수
면발은 흰색에 가깝고 뚝뚝 끊어진다
일반적으로 먹는 메밀 삼십 퍼센트의 막국수
면발은 검은 색에 가깝고 쉽게 끊어지지 않는다

지금까지 내가 먹은 막국수는
메밀과 밀의 비율이 삼대 칠인 것이었다
지금까지 내가 조리한 삶은
참과 거짓을 삼대 칠로 버무린 것이었다

씹어보면 부드럽게 끊어지는
순도 백 퍼센트의 허여멀건 막국수
삶의 벼랑에서 떨어지지 않게 단련된
내 질긴 식성으론 감당하기 버겁다

수타면

— 안동 청반점에서

수타면이 좋다
전기만 꽂으면 원하는 대로
술술 빠져나오는 기계면보다
오래 묵은 주방장의 팔뚝
허공을 가르는 춤사위에 실려
차츰 가늘어지는 수타면

무정한 기계가 건조하게 뱉어낸
매끈하고 반듯한 기계면보다
더러는 면발이 고르지 않아도
서리 내린 머리에 굵게 패인 주름살
세월에 삶겨버린 주방장의 인생이
익은 면발을 타고 흘러나오는 수타면

외가에서 자라던 일곱 살의 어느 날
낯선 사내가 불현듯 찾아와
내가 네 아비란다, 뜬금없이 말하고는

읍내 반점으로 데려가 비벼줬던 자장면
그때의 아릿한 추억까지 올올이 배인
수타면이 나는 좋다

화암사禾巖寺 다실茶室에서

마흔 여덟에 등단한 여성시인은
위암으로 죽어간 아버지를 추억하며
눈시울이 촉촉하다, 쓸쓸한
미시령의 대기는 불안정해
안개비 자욱하고 수手바위는 보이질 않는다

오디오에선 알 수 없는 네 음절
비 · 가 · 오 · 다처럼 들리는 염송이 반복된다
쌍까풀에 붓기가 남은 초로의 다모茶母는
비 · 가 · 오 · 다가 아니라 지 · 장 · 보 · 살이라고
오류의 귀를 비틀어 준다

어제 생일상을 받은 어린 벗의 홀어머닌
가족들이 모두 돌아간 뒤 생을 닫았고
누구도 임종을 지켜보지 못했다
명부冥府를 관장하는 지장보살께선
홀로 된 시간의 죽음을 알고 계실까

부처의 이름으로 팔려나가는 차들, 그림들
온갖 신령스런 것들,
부처는 죽은 뒤에도 산 중생들의
밥벌이를 책임지고 있다
그러므로 그는 거룩한 것이다

가족의 생계를 책임지고 있는
우리도 조금은 거룩한 것일까
아직 비는 그치지 않고
다시 고개 넘어갈 일이
먼 일처럼 아득하다

마침내 그들이 나를 버렸다

나는 말하는 데 장애가 있다
나무도 새도 바위도
내 말을 알아듣지 못한다
애써 말을 건네 봐도
그저 묵묵부답일 뿐 누구도
나를 쳐다보지 않는다

또한 나는
말을 듣는 데 장애가 있다
풀도 꽃도 바람도 그네들끼리
뭐라 뭐라고 얘기들 하지만
나는 통 그 말을 알아듣지 못해
하릴없이 눈만 끔적일 뿐이다

한때는 내가
그들과 친한 줄 알았다
말이 통하는 사인 줄 알았다

알고 보니 그건 어릴 적
외가의 대숲에서 자라날 때 뿐
부모 없이 자라는 내가 가여워
자연이 잠시 귀와 입을 열어준 것뿐이었다

너무 멀리 너무 오래 떠돌다가
가뭇없는 길에서 내려 대숲을 찾았지만
아무것도 말할 수 없고
아무것도 들을 수 없다
배은망덕하게도, 나를 키운 햇빛과 달빛
댓잎 수런대는 소릴 아예 잊은 채
사람의 말만 하고 사람의 말만 들었기에
마침내 그들이 나를 버린 것이다

노래방에서

낮은, 시간을 사들인 자의 것
그러므로 대낮의 노래는 불온하다
우리에게 허락된 것은 이 밤, 만취의 노래뿐
분부대로 침묵의 혀를 술에 절여 스며든 여긴
햇볕에 바랜 시간들이 야음에 젖고
낮의 노래들이 감금당한 지하의 동굴,
간수는 시간을 매점한 자의 사생아이며
그렇기에 시간에 민감한, 저 무표정한 기계이다
그가 노래를 가석방해야 입을 여는 우린
아무리 애를 써도 반편이 가객일 뿐
강요당한 치매의 목청, 기억의 미로를 통과한 건
굴종에 인이 박힌 낱말들의 주정
동굴에서만 낼 수 있는 박쥐의 신음이다
신음에조차 점수를 매기는 무정한 기계는
스스로 노고를 치하해 팡파르를 울리고
어둠의 고막을 두드리는 탬버린 소리
낮이 불허했던 노랫말들, 몸짓들 연신

떠도는 음音 들을 잡으려 허우적대며, 오늘도
이 스산한 지하의 밤을 몽유夢遊하고 있다

탁족濯足

내설악의 십이선녀탕 계곡에 앉아
양말 벗고 정성스레 발을 씻는다
발이 발임을 의식하고 씻는 게 오랜만이다

십 년 전인가 부활절을 앞두고 신부님은
무좀기가 남은 내 발을 씻겨주었다
사실은 씻겨주는 시늉만 했지만
괜히 내 발이 부끄러웠다
이제와 생각자니 발의 노고를 잊은 채 살았다
못난 두 발은 내 삶의 무게를 지탱하면서도
불평하지 않고 다만 견뎠을 뿐이다

까까머리 중학생 시절의 어느 겨울방학
두 달 정도 양말을 벗지 않고 살다가
개학을 맞아 양말을 벗어보니
검은 때가 장화 모양으로 굳어 있었고
묵은 때를 벗기느라 한나절을 보냈다

그 뒤로 서른 몇 해 동안
가지 않아도 될 길까지 너무 많은 길을 걸었고
눈에 보이진 않지만 내 발에는
정처 없는 방황의 때들이 켜켜이 쌓여 있다

너무 늦기 전에 벗겨야 한다
그리고 발에게 경의를 표해야 한다
세월이 신겨준 가죽신은 허울일 뿐
내 동행은 바로 이 못난 맨발이기 때문이다

나는 모른다

내가 이 세상에 오기 전에
어디서 뭘 하던 짐승이었는지
저 동물원의 담장처럼 나는 모른다

두 발로 걷고 인간의 말을 하지만
왜 인간이 세계의 주인이어야 하는지
저 유력 신문의 경제칼럼처럼 나는 모른다

하루 세 끼 잘 먹고 잘 살지만
왜 인류의 삼분지일이 굶주리는지
저 휘황한 호텔의 식탁처럼 나는 모른다

초자연의 은유로서 신을 믿지만
왜 신이 가진 자들에게만 은총을 베푸는지
저 신전의 첨탑처럼 나는 모른다

역사를 공부한 먹물이지만
왜 곧잘 역사가 악한의 비망록이 되는지
저 역사책의 표지처럼 나는 모른다

선거권을 가진 공화국의 시민이지만
왜 공화국이 권력의 도구가 되어야 하는지
저 헌법 제 일조의 활자처럼 나는 모른다

또한 내가 이 세상을 떠나게 되면
전생을 어떻게 기억하는 짐승이 될지
저 깜깜한 그믐의 밤처럼 나는 모른다

개에 관한 명상

나는 산 밑에 살고 개를 키운다 2009년 5월 30일생 암놈 이름은 두레이다 제법 의미 있는 이름을 찾다가 막내딸이 추천한 이름을 택했다 멋지지 않은가 두레정신 두레노동 이때부터 제 뜻과 무관하게 인간의 의지를 투사하고 명명한 순간부터 이놈의 고난은 시작되었다 나는 난 지 두 달도 안 된 강아지를 사람처럼 다루었다 오줌똥을 가리게 하고 내 말에 무조건 복종하게 했다 나는 팟쇼였고 강아지는 영문도 모른 채 인간계의 말단이 되었다

자라면서 이놈은 짖지를 않았다 대신 사람이면 누구든 가리지 않고 반갑게 꼬릴 흔들고 품에 안겼다 먹이라도 던져주면 배슬거리기까지 했다 나는 놈의 헤픈 행실이 맘에 들지 않았다 아무래도 전생에 작부였을 거라 여기면서 나무랐다 내가 나무랄라치면 놈은 너나 잘하세요 라는 눈빛으로 나를 쳐다보았다 나는 전적으로 그 놈을 인간 그것도 아주 덜 떨어진 인간으로 취급하고 가정교육을 시켰지만 교육의 결과는 좋지 않았다

점점 시간이 가고 발정기가 왔으나 다른 개들처럼 새끼

라도 밸까 싶어 끙끙 암내를 풍겨도 모른 체했다 일 년 동안 그놈의 짝짓기를 막았고 찾아오는 수컷들은 문전박대를 받았다 그런데도 어느 날부터 배가 불러오기 시작했다 가족 중에 누구도 그놈의 짝을 정확히 몰랐다 마누라 얘기로는 아주 볼품없는 유기견 한 마리 그리고 줄 풀어진 동네 누렁이 한 마리가 서성이는 걸 본 적이 있다고 했다 마누란 두 놈 중 한 놈이라면 그래도 낯짝이 반반하고 키도 훤칠한 누렁이길 바랐다 마누라 역시 개를 개로 보지 않았던 것이다

그렇게 얼마가 지나고 새끼를 낳았다 아홉 마리 마누라는 아비가 누군지에 관심을 기울였다 새끼를 키울 것도 아니면서 개의 비위생적인 방뇨와 배변에 진저릴 치면서도 새끼들 출신성분에 유난을 떨었다 진돗개가 아홉 마리를 낳는 건 이례적이고 젖꼭지가 부족해서 아마 네댓 마리는 죽을 거라고 수의사는 전문가의 식견으로 이웃들은 경험에 입각해서 예측했다 그러나 예측은 보기 좋게 빗나갔다 사람으로 치자면 매우 멍청한 그놈이 아주 지극하게

새끼들을 건사했다 새끼들을 두 패로 나눠 차례대로 공평하게 젖꼭지를 물렸다 혹 낙오하는 놈이 있으면 끝내 불러들여 배를 채우게 했다

그리하여 달포가 지난 지금 새끼들 모두 생생하게 마당을 쏘다니며 마치 제 어미처럼 비위생적으로 오줌똥을 갈기고 마누란 질색을 하며 그걸 치우느라 바쁘다 나는 그 놈을 인간으로 키웠지만 그 놈은 인간이길 거부했고 새끼들 역시 제 피대로 개의 길을 가고 있는 것이다 그제야 비로소 알았다 개는 개일 뿐 인간이 아니란 걸 사람은 사람이지 아무에게나 꼬리치고 정조를 바치는 개가 아닌 것처럼

제4부

동백 지다

검은등뻐꾸기

누군가에겐 '홀딱 벗고'
누군가에겐 '머리 깎고'
또 누군가에겐
'허허허허' 실소로 들리는
검은등뻐꾸기 그냥 우는 소리

누군가는 사랑하고 싶고
누군가는 입산하고 싶고
또 누군가는 이 풍진 세상에
헛웃음만 나는 게다
그런 마음들이 저 새소리를 타고
초여름의 산천을 떠도는 게다

돌탑

산다는 건
저렇게 떨리는 손으로
돌 하나씩을 주워 간신히 올렸다가
한 줄기 바람에도 무너지는 것인가
돌에라도 나무에라도 강물에라도
빌고 또 빌어서야 겨우
유지되는 것인가

무너진 자리, 누군가 또 돌을 쌓는다
아슬아슬하다, 바람이 분다

신경초神經草

나를 내버려 두라
내 심신을 건드리지 말라

내가 몸을 떨며 움츠리는 건
그대 손길을 반겨서가 아니다

나를 감추고 싶어서이다
부디 잊혀지길 바라서이다

더는 희롱하지 말라, 아니면
차라리 내 신경을 자르고 말라

밥

— 만해마을 식당에서

일흔넷의 처사님은 농사를 짓고
일흔셋의 보살님은 저녁밥을 짓고
쉰둘의 나는 시를 짓는 척한다
밥 먹는 게 미안하다

낮술

산중의 비는 술을 부른다

한 잔 또 한 잔 술잔 비우니
멀어진 인연들은 가까이 오고
가까운 인연들은 멀어져 간다

그 동안 나는 너무 멀리 또는 가까이 있었다

부질없는 인연들, 어느새
오후의 비는 그쳐 서녘 하늘에
개밥바라기별 하나 술잔처럼 걸렸다

산티아고 가는 길

나는 걷고 싶다
산티아고 가는 길
남프랑스의 생장에서
스페인의 산티아고 데 콤포스텔라까지
이천 리의 길, 그 길을
달포 남짓 천천히 걸으며
꼭 기억해야 할 것들을 지우고 싶다
꼭 간직해야 할 것들을 버리고 싶다
꼭 지켜야 할 사랑을 배반하고 싶다

아무것도 정말 아무것도 아닌 나를
더 분명하게 확인하고 싶다

바위

얼마나 기다려야
저 돌멩이 하나만큼 작아질까

또 얼마를 더 기다려야
모래로 먼지로 스러져버릴까

이 땅에 왔다 간 흔적을
영영 지울 수 있을까

폭포

수평의 물은
수직의 절벽을 만나
거침없이 떨어져야 낙하를 알고
뒤돌아보지 않는 폭포가 된다

떠도는 나
언제 그대를 만나
유성처럼 떨어져서 허공의 깊이를 알고
그대 전생全生을 관통하는 폭포가 될까

나팔꽃

나팔꽃은 제 줄기 속에
하고픈 말을 감추고 있다가
담벼락을 조용히 기어오르며
마디마디 음절들을 조립해서는
언젠가 그대가 쳐다보는 순간
활짝 피어나며 말한다 기다렸다고
기어이 오실 줄 알았다고

불면

잠이 아니라
그대가 오지 않는 게
불면의 이면이다
긴긴 기다림에도 그대 오지 않고
시간이 빙벽처럼 얼어붙을 때
그때를 우리는 불면이라 한다
그러므로 불면은
몸에 관련된 증상이 아니라
계절이 바뀌어도 돌아오지 않는
사랑에 관련된 증상이다

자귀나무꽃

— 외설악 들머리에서

비로자나불 아래서
사랑한 지 오래이다
이 땅에 뿌리를 내리면서 우리는
단 하루도 사랑을 거르지 않았다
그리하여 매일 밤
내 한 잎이 그대 한 잎과 만나
밤새 서로를 어루만지고 기어이
완전한 합일을 이룰 때,
산은 잠시 숨을 멈추고
우리 합장한 손가락 끝엔
꽃잎 없이 오직 암술과 수술로만
연분홍꽃 만다라 피어나셨다

비로자나불, 빙긋 웃으셨다

달맞이꽃에게 묻다

무겁지 않은가
철야의 기다림에 젖은 꽃잎들

그믐을 향해 야위어 간 달은
서산에 길게 누워 시름겨운데

아주 떠난 사랑을 차마 못 잊어
날마다 지고 또 피어난단 말인가

이별

소쩍새가 떠난 뒤에
빈산을 본다

사랑이 떠난 뒤에
사랑을 본다

나 소쩍새를 보지 않고 밤새
소쩍이는 소리만 들었더랬다

나 그대를 사랑하지 않고 종일
사랑한다는 말만 읊조렸더랬다

오죽烏竹

누군가를
그리워한다는 건 저렇게
북풍한설을 홀로 맞으며
애절한 손짓으로 호명하는 것이다
관절이 꺾이도록 읍소하는 것이다
시간이 머물도록 몸을 비우는 것이다
그리하여 부싯돌처럼 말라가다가
이윽고 검게 타 숯이 되는 것이다
연기라도 되어 쫓아가는 것이다

반딧불

단지 보름을 살기 위해
일 년을 기다리다 우화羽化해서는
생에만 전념하기 위해 단식
스스로 입을 닫아 버린다

그리하여 순정한 형광螢光
빛으로만 말하고 빛으로만 사랑해서
사랑이 다하고 수백의 후생後生이 태어나면
목숨마저 미련 없이 거두어 버린다

그 결연한 삶과 사랑을 알기에
달빛도 한쪽으로 비켜서는 밤
반딧불 한 마리 머리 위에 앉는다
세상이 다 환하다

동백 지다

내가 떠나자 그대가 핀다
기별만 하고 오지 않는 봄보다 먼저
잔설殘雪을 이고 그대 피어난다

내가 돌아오자 그대가 진다
가장 아름다운 날 봄볕에 목을 매어
툭 하고 미련 없이 붉은 마음 진다

그대 지고 한해의 봄도 가버린 자리
뜨겁던 그대 넋이 인장印章처럼 남아
흔들리는 걸음마다 붉게 새겨진다

해설

‘시린 반성’의 언어를 위하여

고인환(문학평론가)

우리는 반성의 홍수 속에서 살고 있다. ‘이렇게 살면 안 되는데…….’라는 성찰의 목소리가 넘쳐 난다. ‘그렇다면 어떻게 살아야 하는가?’ 답변이 녹록치 않다. 늘 ‘어떻게’를 건너뛰고 ‘앞으로는 잘 살아야지’라는 추상적 다짐으로 반성의 과정을 마무리하고 있지는 않는가. 그리고는 반성을 했다는 사실에 만족하며 스스로의 삶을 다독이곤 한다.

구체적이지 않은 성찰은 결코 삶을 변화시킬 수 없다. 그렇다고 절실한 반성이 삶과 사회를 충분히 변화시킬 수 있는 것도 아니다. 다만, 지속적이고 끈질긴 반성을 통해 세계를 조금씩 변모시켜 나갈 수 있을 따름이다.

한양명의 시는 성찰의 지난한 과정 그 자체를 집요하게 탐색한다. 그에게 시는 세속적 삶을 성찰하는 주요한 도구이다. 그의 시는 꿈을 상실하고 초라한 현실을 견디며 살아갈 수밖에 없는 소시민의 삶을 웅숭깊은 성찰의 언어로 길어 올리고 있다. 시인은 세속적인 삶 너머를 되비추는 '시린 반성' 의 언어로 독특한 서정의 세계를 구축하고 있다. 이는 자본주의 사회의 일상성을 서정의 무늬로 직조하는 과정의 하나이며, 이상의 세계와 세속적 현실 사이에서 동요하는 내면적 갈등을 갈무리하는 작업이기도 하다.

시인에게 시는 과거의 열정과 현재의 세속적 삶이 길항(拮抗)하는 치열한 '전장(戰場)' 이다. "나이 스물" 에 "망설이지 않고" 걸어갔던 "좁디좁은" "토끼벼리길" 로부터 도망쳐야 하거나, "가진 게, 지킬 게 너무 많" 아 새로운 삶을 시작하기가 망설여질 때(「토끼벼리길」) 시인은 시를 찾는다. 아니, 시가 시인을 찾아온다.

하여, 그에게 시는 가장 현실적이고 구체적인 삶의 지표이다. 현실 너머의 세계를 염원하지만 결코 거기에 다다르지 못하는 것이 인간의 모순된 운명이다. 다만, 한양명 시인의 시가 투사하듯, 세속적인 삶 너머의 세계를 되짚어보며 '지금 여기' 의 현실을 성찰할 수 있을 따름이다. 이러한 경험을 통해 우리는 자신의 삶을, 나아가 세계를 조금씩 바꾸어 간다. 두 번째 시집을 상재했다고 해서 시인의 삶이 크게 달라지지는 않을 것이다. 그리고 그의 시를 음미하는 독자들의 삶 또한 크게 달라지지 않을 것이다. 그러나 이전의 삶과는 조금 다를 것이다. 이러한 차이로 인해, 시인의 삶, 아니 우리들의 삶은 조금씩 변화한다. 이번에 내놓은 시편들을 관통하는 '부끄러움'의 시학이 세속적 삶을 살아가는 현대인의 슬픈 초상과 포개지며 순도 높은 공감을 불러일으키는 이유도 여기에 있다.

「그냥 보고 싶다」라는 시를 감상해보자. 자칫 색깔 없는 '다짐'의 반복으로 여겨질 수도 있겠다. 하지만 이 다짐에 얽힌 속내를 들여다보면 사정은 그리 간단하지 않다.

꽃을 꽃으로만 보고 싶다
색깔이니 향기니 자태니
허튼 생각 않고
그냥 꽃으로만 보고 싶다

사람을 사람으로만 보고 싶다
성별이니 용모니 직업이니
분별하지 않고
그냥 사람으로만 보고 싶다

왜 나는 꽃을, 사람을
다른 무엇으로 보려 하는가
통째로 보지 않고
나눠 보려 하는가

그런 나의 게눈엔
꽃도 사람도 살지 않고
누군가 먹다 버린
게껍데기만 그득하다

—「그냥 보고 싶다」 전문

시인은 자신이 "꽃"과 "사람"을 '있는 그대로' 보지 못하는 이유를 잘 알고 있다. 그것이 불가능하다는 사실 또한 잘 알고 있다. 불가능함을 알고 있음에도 불구하고, 사물을 "그냥" 보기 위해 안간힘을 쓰는 것. 이 역설적 상황이야말로 그의 시편들을 지배하고 있는 주된 정서이자, 한양명 시인이 추구하는 서정의 진정성을 보여주는 장면이다.

그의 시는 자본의 논리에 순응하면서도 짐짓 문학의 논리로 이를 거부하려는 태도를 취해 온 우리들의 내면을 사정없이 들쑤신다. 시인은 우리들이 자발적으로 소외시킨 무의식의 내밀한 초상을 집요하게 심문하고 있는 셈이다.

이를 마주한 '불편한 공감' 이야말로 한양명의 시가 조준하는 과녁이다.

내친 김에 한 편을 더 불러와 보자.

길러지면서부터
쏘가리는 이미 쏘가리가 아니다
지느러미에 달린 침이 무뎌졌다
지킬 것이 없기 때문이다

늙은 주모는 자연산이라고
억지를 쓰지만 나는 안다
지켜야 할 것이 없어진 자의
공손하기만한 살점을
사랑을 버린 살들의 쓸쓸함과
남겨진 뼈들의 외로움을

접시에 누운 쏘가리
그 등뼈에 붙은 몇 점의 살들이
소주를 타고 헤엄쳐 온다
유영하는 자세가 부드럽다
마중 나간 내 혀도
부드럽게 움직이기는 마찬가지다

지금 이 시간
쏘가리의 살점을 씹으면서 나는 천천히
한 마리의 순한 짐승이 되어가고 있다
나 또한 누군가에게 양식당하고 있음을
한 점 또 한 점씩 음미하면서

—「쏘가리」 전문

"쏘가리의 살점"을 "음미하면서" 시인은 자신 또한 "누군가에게 양식당하고 있음"을 깨닫는다. 시인의 시선은 정확히 "자연산" "쏘가리"와 "양식"당한 '쏘가리' 사이에 위치하고 있으며, 그의 서정은 길러진 한 마리의 "순한 짐승"을 "마중 나"가는 부드러운 혀로 직조되고 있다. 이처럼 자신이 서 있는 위치에 대한 자의식이 구체적 실감으로 형상화될 때, 그의 시는 "사랑을 버린 살들의 쓸쓸함과/ 남겨진 뼈들의 외로움"을 애틋한 여운으로 거느리며 읽는 이의 가슴에 스며든다. 여기에는 "흐르는 물, 떠도는 새, 구르는 돌만 봐도 가슴이 뛰었"던 젊은 시절의 열정을 세속적 가치에 가두고 어느덧 "꼼짝 않는 나무 또는 바위가 되어" "메밀밭에 눕는 대신 메밀꽃을 보고 있"는 중년의 삶(「역마살驛馬煞」)이 드리워져 있다.

겨우 토끼 한 마리 지날 정도의
좁디좁은 벼랑길
나이 스물, 아직 가진 게 없을 때
그때는 망설이지 않고
성큼성큼 걸어갔다

지금은 나이 쉰을 건듯 넘어
집이 있고 가족이 있고 직장도 있고
다시 토끼벼리길 지나려니 떨린다
꼭 가야하나 망설여진다
가진 게, 지킬 게 너무 많다

—「토끼벼리길」 전문

시인은 그의 작품에서 '스물'과 '쉰' 사이에 머물고 있다. 여기에 '부끄러움의 시간', 즉 "공들여 탑을 쌓고 다시 무너뜨려온/ 지난 삶과도 같은 그런 시간"(「숙취의 아침」)이 둥지를 틀고 있다.

인생은 젊은 시절에 가졌던 꿈을 하나씩 실현해 가는 과정이기도 하지만, 동시에 그 꿈을 조금씩 버려가는 여정이기도 하다. 이 조금씩 포기한 '되찾을 수 없는 것들'에 대한 형언할 수 없는 그리움이야말로 지긋지긋한 일상을 견디게 해주는 동력이라고, 시인은 넌지시 속삭이고 있다.

문제는 '어떻게' 기억하고 '어떻게' 버리느냐에 있다. 시인은 '그리움'을 낭만화하지도, 그렇다고 지긋지긋한 일상을 회피하지도 않는다. 다만, 자신을 발가벗기는 가차 없는 자의식만을 돌올하게 부각시킬 따름이다. 스스로의 삶을 '날 것'으로 성찰하는 시선으로 인해 그의 시는 부정적 현실을 감싸는 동시에 질타할 수 있게 된다.

> 지금까지 내가 먹은 막국수는
> 메밀과 밀의 비율이 삼대 칠인 것이었다.
> 지금까지 내가 조리한 삶은
> 참과 거짓을 삼대 칠로 버무린 것이었다
>
> 씹어보면 부드럽게 끊어지는
> 순도 백 퍼센트의 허여멀건 막국수
> 삶의 벼랑에서 떨어지지 않게 단련된
> 내 질긴 식성으론 감당하기 버겁다
>
> —「막국수를 먹으며 –인제 전씨네 막국수 집에서」 부분

"순도 백 퍼센트의 허여멀건 막국수"는 "삶의 벼랑에서 떨어지지 않게 단련된" 시인의 "질긴 식성으론 감당하기 버겁다."

그렇다면 시인이 '조리'할 수 있는 삶의 무게는 어느 만

큼일까?

이맘 때, 칠월하고도 초순께면
웃자란 콩순을 쳐줘야 한다
아끼지 말고 시원스레 잘라줘야 한다
그래야만 콩깍지에 콩이 제대로 박히고
콩대도 튼실해져 넘어지지 않는다
그런데 그대와 나는 어떠한가
웃자라 겉보기는 멀쩡하지만
소갈머리는 텅 빈 것 아닌가, 자칫
놀러 나온 바람에도 휘청대는 건 아닌가
아뿔사, 머리칼이 너무 자랐다
우선은 이발이라도 해둬야겠다

―「콩순을 치며」 전문

"우선은" "웃자라 겉보기는 멀쩡하지만/ 소갈머리는 텅 빈" 자신의 "머리칼"을 자르는 일. 시인은 자신이 할 수 있는 조그마한 일에서부터 시작한다. "콩깍지에 콩이 제대로 박"혀 "콩대"를 "튼실"하게 하기 위해서는 "웃자란 콩순을 쳐줘야 한다." 말은 쉽다. 하지만 이러한 자연의 순리를 인간의 삶 속에 '버무'리기는 쉽지 않다. 이미 '콩순'이 자랄 대로 자라 "놀러 나온 바람에도" '콩대'가 "휘청대는"

상황에서는 더더욱 그렇다. 다만 '지금 여기' 에서 자신이 할 수 있는 일을 찾아 묵묵히 실천할 수 있을 따름이다. 시인의 "이발" 이 아름다운 이유도, '오래된 미래' 를 향한 그의 성찰이 소중한 이유도 여기에 있다.

시인은 "이 기막힌 세상을 만드는 데 일조한 자"(「미분양」)로서의 부끄러움을 진솔하게 고백하고 있으며, "그대를 사랑하지 않고 종일/ 사랑한다는 말만 읊조렸" 던(「이별」) 자신의 삶을 정직하게 응시하고 있다. 또한 "생계형 몸짓과 격식" "예의" 등을 몸 밖으로 내보내기 위해 안간힘을 쓰면서도 "별 다를 게 없을" 또 다른 "하루를 기다리며" "잠을 청" 하는 자신의 무력한 모습(「반신욕」)을 애처롭게 들여다보고 있지 않은가.

"뒤돌아보지 말고 앞도 보지 말고/ 다만 바로 앞에 놓인 하루나/ 속속들이 깨끗하게 닦아내라고/ 그러고는 경건히 또 하루를 기다리라고", '시린 반성을 촉구' 하는 시인의 목소리가 우리들의 '흔들' 리는 '생' 을 "툭툭 건드리며" 가슴을 후벼 파는(「풍치風齒」) 지점도 바로 여기이다.

한편, 한양명 시인이 연출하고 있는 또 다른 '시린 풍경' 이 있다.

문득 동풍이 불자
산이 가랑이를 벌렸다

지나가던 노루가 슬며시
오줌 몇 방울 보시하시니
노란 산수유꽃 금세 벙글었다

천상 오줌색이다

—「봄」 전문

시인이 수놓은 '봄'의 풍경이 눈부시다. 시리다. 여기에 덧붙여지는 그 어떤 언어도 사족(蛇足)에 지나지 않을 것이다.

그렇다면 다음의 작품은 어떠한가.

누군가에겐 '홀딱 벗고'
누군가에겐 '머리 깎고'
또 누군가에겐
'허허허허' 실소로 들리는
검은등뻐꾸기 그냥 우는 소리

누군가는 사랑하고 싶고
누군가는 입산하고 싶고
또 누군가는 이 풍진 세상에

헛웃음만 나는 게다
그런 마음들이 저 새소리를 타고
초여름의 산천을 떠도는 게다

—「검은등뻐꾸기」 전문

"초여름" "산천을 떠도는" "검은등뻐꾸기"의 울음 "소리"를 전유하는 시인의 목소리가 경쾌하고 발랄하다. 그 어떤 속박도 없다. 시인은 "이 풍진 세상" 장삼이사(張三李四)들의 애틋한 "마음"을 "새소리"에 슬그머니 싣는다. '새소리'와 "마음들"은 서로를 구속하지 않는다. 다만 자유롭게 공명(共鳴)하며 "초여름의 산천"을 떠돌고 있을 따름이다. 맑고 투명한 여운을 남기는 이 "그냥 우는 소리"야말로 황폐한 현실을 풍요롭게 적시는 시의 메아리가 아니겠는가.

시인에게 자연은 경배해야 할 그 어떤 대상이 아니다. 그렇다고 돌아가야 할 고향도 아니다. 자신의 삶을 구체적으로 성찰하는 매개체, 즉 '사람'과 소통하고 대화하는 파트너이다.

한때는 내가
그들과 친한 줄 알았다
말이 통하는 사인 줄 알았다

알고 보니 그건 어릴 적
외가의 대숲에서 자라날 때 뿐
부모 없이 자라는 내가 가여워
자연이 잠시 귀와 입을 열어준 것뿐이었다

너무 멀리 너무 오래 떠돌다가
가뭇없는 길에서 내려 대숲을 찾았지만
아무것도 말할 수 없고
아무것도 들을 수 없다
배은망덕하게도, 나를 키운 햇빛과 달빛
댓잎 수런대는 소릴 아예 잊은 채
사람의 말만 하고 사람의 말만 들었기에
마침내 그들이 나를 버린 것이다

—「마침내 그들이 나를 버렸다」 부분

"자연" 은 외로움에 떠는 인간이 가여워 "잠시 귀와 입" 을 열어 주는 친구이다. "사람의 말만 하고 사람의 말만 들" 으면 '자연' 은 "귀와 입" 을 닫고 "마침내" "사람" 을 버린다. 그렇다고 자연의 말로 인간 세상을 물들일 수도 없다.

나는 난 지 두 달도 안 된 강아지를 사람처럼 다루었다 오줌똥을 가리게 하고 내 말에 무조건 복종하게 했다 나는 팟쇼였고 강아지는 영문도 모른 채 인간계의 말단이 되었다
(중략)
나는 그놈을 인간으로 키웠지만 그 놈은 인간이길 거부했고 새끼들 역시 제 피대로 개의 길을 가고 있는 것이다 그제야 비로소 알았다 개는 개일 뿐 인간이 아니란 걸 사람은 사람이지 아무에게나 꼬리치고 정조를 바치는 개가 아닌 것처럼

— 「개에 관한 명상」 부분

"강아지"를 "인간으로" 키울 수는 없다. 그렇다고 사람이 '강아지' 처럼 살아서도 안 된다. "개는 개"이고 "사람은 사람"이다. 서로를 존중해야 할 소통의 대상일 뿐이다.

그동안 시인은 그가 원하는 삶으로부터 "너무 멀리 또는 가까이" 있었다.

한 잔 또 한 잔 술잔 비우니
멀어진 인연들은 가까이 오고
가까운 인연들은 멀어져 간다

그 동안 나는 너무 멀리 또는 가까이 있었다

— 「낮술」 부분

시인이 떠나자 '그대'가 피고, '그대'가 지자 시인이 돌아온다. 하여, 시는 '그대'가 진 '자리'를 응시하며 "뜨겁던 그대 넋"의 붉은 '인장(印章)'을 '흔들리는' 시선으로 음미하는 행위(「동백 지다」)에 다름 아니다. 시인이 자신이 "아닐 때에야 비로소/ 살아 있"는(「나는 살아 있다」), "아무것도 정말 아무것도 아닌" 자신을 "더 분명하게 확인"하는 언어를 꿈꾸는(「산티아고 가는 길」) 이유도 여기에 있다.

깨달음은 늘 한 박자 더디게 온다. 한양명의 시는 이 '늦은 각성'을 부여잡고 현재의 삶을 심문함으로써 '오래된 미래'에 접속한다. '시린 반성'의 언어가 '퍼석퍼석한' 대지를 적시며 우리들의 삶을 꿈틀거리게 하는 순간이다.